CIRCÉ,

TRAGEDIE

ORNÉE DE MACHINES,

de Changemens de Théatre,
& de Musique.

Par T. CORNEILLE.

Representée par la Troupe du Roy,
établie au Fauxbourg S. Germain.

Et se vend
A PARIS,
Au Palais, dans la Salle Royale, à l'Image S. Loüis.
Et à la Porte de la Comedie, où l'on prend
les Billets.

M. DC. LXXV.
AVEC PRIVILEGE DV ROY.

L ES grandes Conqueſtes du Roy, & les importantes Victoires qu'il a remportées ſur ſes Ennemis, ayant mis la gloire de la France au plus haut point où elle ait jamais eſté, tout le monde a tâché à l'envy d'en témoigner ſa joye en diférentes occaſions, ou par des Réjoüiſſances particulieres, ou par des Divertiſſemens publics. C'eſt ce qui a donné lieu à ces admirables Feux d'Artifice qui ont attiré tout Paris les années dernieres; & c'eſt ce qui le donne encor aujourd'huy aux Comédiens de la Troupe du Roy, de tâcher à ſignaler leur zele par tout ce que la Scene eſt capable de produire de merveilleux. L'honneur qu'il a plû à S. M. de leur faire, en donnant ſes ordres pour leur rétabliſſement, les mettoit dans une continuelle impatience de faire voir qu'ils conſervent toûjours la meſme ardeur de pouvoir eſtre jugez dignes de contribuer à ſes plaiſirs; & c'eſt dans cette veuë qu'ils ont mis tous leurs ſoins à rendre Circé le Spéctacle le plus pompeux qui ait paru juſqu'icy ſur nos Théatres. Tout y eſt grand, tout y eſt extraordinaire; & ſi j'avois pû répondre par la force des Penſées & par la majeſté des Vers, aux ſuperbes ornemens qu'on m'a preſtez, je pourrois dire ſans trop de préſomption, qu'on n'auroit point encor veu d'Ouvrage plus achevé. La diverſité des Machines, & l'inconcevable mouvement des Vols qui ſe font dans tous les Actes, ont quelque choſe de ſi ſurprenant, qu'on ſera aiſément convaincu que l'exécution n'en peut partir que du plus ſublime Génie qui ſe ſoit jamais appliqué à ces ſortes de connoiſſances. Tout ce que j'en pourrois dire ſeroit tellement au deſſous de ce qu'on verra, que je ne diminuëray point le plaiſir de la ſurpriſe par l'inutile deſcription des Merveilles qui paroîtront dans ce magnifique Spéctacle. On n'a rien épargné pour le rendre tout-à-fait ſomptueux; & les riches Décorations qui l'accompagnent, feront voir par dix Changemens de Théatre, la gloire que méritent Meſſieurs de la Hire, de Leſſos, & de

A ij

S. Martin, pour les embellissemens que leur Pinceau nous a fournis. Joignez à tant de beautez la délicatesse de la Musique, où Monsieur Charpentier, qui s'est déja fait admirer dans les Airs du *Malade Imaginaire*, s'est en quelque façon surpassé soy-mesme tant par l'agrément de la Symphonie, que par la noble maniere dont il a relevé toutes les Paroles qui se chantent. Avec de si grands avantages, il est difficile que Circé n'en ait beaucoup à venir faire en France un nouvel essay de sa Magie. J'ay choisy pour le Sujet de la Piece, ses Amours avec Glaucus, telles que nous les dépeint Ovide dans le 14. Livre de ses Métamorphoses.

Glaucus, de simple Pescheur qu'il estoit, ayant esté changé en Dieu Marin, devint éperduëment amoureux de Sylla Fille de Phorcus; & ne pouvant toucher son cœur, il alla implorer le secours de Circé, qui prit le party pour elle, & employa tout le pouvoir de ses Charmes pour s'en faire aimer. Le dépit de n'avoir pû en venir à bout, porta si loin son ressentiment, que pour se vanger elle empoisonna une Fontaine où Sylla avoit accoûtumé de s'aller baigner. Cette malheureuse Nymphe ne s'y fut pas sitost plongée, qu'elle vit naistre des Chiens, qui s'attachant à son corps, l'effrayerent par leurs aboyemens, & l'horreur qu'elle eût d'elle-mesme dans ce déplorable état, fut si forte, qu'elle s'alla précipiter dans la Mer, où elle fut changée en un Rocher, qui a conservé son nom, & contre qui les flots se brisans, imitent par le bruit qu'ils font, les aboyemens des Chiens qui avoient fait son suplice. Je n'ay rien adjoûté à cette Fable, que Mélicerte aimé de Sylla, & cette mesme Sylla changée en Néreïde apres tous ses malheurs, pour avoir lieu de finir la Piece par un Spectacle de réjoüissance.

PROLOGVE.

A Décoration du Prologue reprefente un Temple de riche Architecture, que la Gloire a fait élever pour
le Roy. L'Ordre en eft Compofite,
avec plufieurs Arcades & Colomnes
de Iafpe d'Orient, dont les Bafes & Chapiteaux font
d'or, auffi-bien que les Modillons & les Fleurs de
Lys qui font les ornemens des Corniches & des
Frifes. Le haut du Temple eft finy par un Atique,
où fe voit un Bufte de Héros directement au deffus
de chaque milieu des Chapiteaux. Les Supofts des
Colomnes font des Pieds-d'eftaux qui reprefentent
une partie des Conqueftes du Roy, & les fuperbes
Baftimens qui fe font faits ou embellis fous fon
Regne. Au deffus de chaque Pied-d'eftal, il y a
diférentes Figures peintes en faillie & ifolées, qui
toutes, ainfi que les Buftes, reprefentent par leurs

attributs, ou les Vertus particulieres que possede cet Augufte Monarque, ou les Arts qu'il prend soin de faire fleurir. L'effet que font ces Figures eft d'autant plus beau, que se trouvant chacune entre deux Colomnes, elles forment une jufte simetrie, qui ne fçauroit eftre que tres-agreable à la veuë. Vers le milieu du Temple s'eleve une maniere d'Arc Triomphal, foûtenu par huit Colomnes d'Ordre Ionique, avec une efpece d'Atique au deffus de la Corniche, où le Roy eft reprefenté. La Victoire & la Gloire font à fes coftez, dont l'une luy prefente une Couronne, & l'autre une branche de Laurier, le tout de marbre blanc. On voit dans le fonds du Temple un Autel de marbre ferpentin: Il eft orné de Colomnes, Figures, Feftons de fleurs & Trophées d'Armes.

Les yeux fe font à peine arreftez fur toutes ces Magnificences, qu'on découvre Mars dans un Char orné de tout ce qui le peut faire connoiftre pour le Dieu qui préfide aux Combats. Il paroift au plus haut des nuës, & s'abaiffant vers le Temple, il y voit arriver la Fortune portée fur un nuage qu'elle quitte au mefme temps que Mars defcend de fon Char. Apres avoir regardé ce Temple avec des marques d'indignation & de furprife, ils commencent le Prologue enfemble.

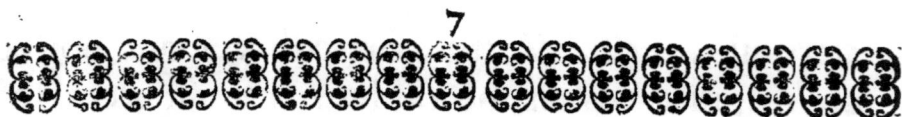

SCENE PREMIERE.

MARS, LA FORTUNE.

MARS.

Quoy ? la Fortune sans bandeau ?

LA FORTUNE.

Je viens de l'arracher moy-mesme,
Pour voir l'éclat pompeux de ce Temple nouveau.
Mais d'où vient qu'à l'aspect d'un Ouvrage si beau,
Le Dieu Mars fait paroistre une douleur extrême ?

MARS.

Puis-je voir sans chagrin, qu'un Mortel à mes yeux,
Des honneurs qu'on me doit, emporte l'avantage ?
Ie sçay bien que LOUIS est un Roy glorieux,
En qui mille Vertus, par un noble assemblage,
Ofrent à réverer le plus parfait Ouvrage
Qui jamais ait marqué la puissance des Dieux ;
Mais parce qu'il se fait admirer en tous lieux,
    Ay-je merité qu'on m'outrage ?
Voyez ce que ce Temple adjoûte à son renom ;

Voyez sur cent Tableaux avec quel soin la Gloire
  A tracé la brillante Histoire
Des merveilleux Exploits qui consacrent son Nom.
  C'est là que les plus grands Courages,
D'un zele tout soûmis écoutant la chaleur,
  Viennent par d'assidus hommages
Honorer la Prudence unie à la Valeur.
Cependant mes Autels, où par toute la Terre
L'Encens se prodiguoit pour les moindres hazards,
  Sont negligez de toutes parts,
On regarde LOUIS comme Dieu de la Guerre,
  Et l'on ne songe plus à Mars.
D'un si honteux mépris c'est trop soufrir l'audace,
I'en puniray l'injure, & ce Temple détruit,
Va dans le Monde entier étaler à grand bruit
  Ce que peut un Dieu qui menace.

LA FORTUNE.

Si LOUIS des Mortels vous dérobe les vœux,
  N'ay-je pas mesme plainte à faire ?
Tout le monde à l'envy, pour devenir heureux,
  N'aspiroit toûjours qu'à me plaire :
Mais depuis que la Gloire a par tout l'Univers,
De cet Auguste Roy fait briller le mérite,
  Pour le suivre chacun me quitte,
  Et je voy mes Temples deserts.

         Cette

Cette foule qui plaiſt, quand meſme elle importune,
Dédaignant mes faveurs, brigue ſon ſeul Appuy,
Il me ravit mes droits, & ce n'eſt plus qu'en luy
    Qu'on ſonge à chercher la Fortune.
    Iugez, à me voir ſans honneurs,
    Iuſqu'où va l'ennuy qui me preſſe;
  Car c'eſt en vain que le nom de Déeſſe
Me fait attendre encor quelques Adorateurs.
De quelque rãg qu'on ſoit, les biẽs ſeuls qu'on diſpenſe
    Nous attirent ces vœux preſſans
    Dont nous aimons la déference;
    Et les Dieux qui ſont ſans puiſſance,
    Ne reçoivent guere d'encens.

MARS.

Ie voy venir l'Amour, qu'aura-t-il à nous dire?

LA FORTUNE.

  La Renommée arrive auſſy;
Mais lors que ſon employ de tous coſtez l'attire,
  D'où vient qu'elle s'arreſte icy?

L'Amour & la Renommée paroiſſent portez
chacun ſur un Nüage.

B

SCENE II.

MARS, LA FORTUNE, LA RENOMMEE, L'AMOUR.

LA RENOMMEE.

N'En soyez point surpris ; le pénible voyage
    Où jusqu'au bout de l'Vnivers,
Pourvanter ses Vertus chez cent Peuples divers,
Le Monarque des Lys de jour en jour m'engage,
M'a déja tant de fois fait traverser les airs,
Qu'il faut qu'en m'arrestant enfin je me soulage.
Dans les Siecles passez, j'ay bien veu des Héros,
Aléxandre & César m'ont donné de la peine,
Mais au moins dãs leur course ils reprenoient haleine,
    Et me laissoient quelque repos.
LOVIS n'en connoist point ; son ame toûjours preste
A chercher les périls dans de nouveaux Combats,
A peine a médité la plus haute Conqueste,
    Que la Victoire accompagne ses pas.
Chaque instant de sa vie est un nouveau miracle.
    Vingt Princes dont il fut l'appuy,
    Arment vainement contre luy ;

A ce qu'il entreprend rien ne peut mettre obstacle;
Et ces jaloux de sa grandeur,
Forcez par tout à céder la Victoire,
Ne combatent jamais que pour luy faire honneur,
Et donner du lustre à sa gloire.
Ainsy pour m'acquiter de ce que je luy dois,
J'ay beau presser mon vol, & me haster de dire
Ce qu'avec moy tout l'Vnivers admire,
Mes cent bouches pour luy s'ouvrent tout à la fois,
Et je n'y puis encore suffire.

MARS.

S'il faut ne rien dissimuler,
La plainte me paroist nouvelle.
Quoy, vous, qui si souvent sur des contes en l'air
Redites mille fois la mesme bagatelle,
Vous vous fâchez d'avoir trop à parler?

LA RENOMMEE.

Ie prens sans murmurer tout l'employ qu'on me donne,
Mais enfin j'ay peine à soufrir
D'estre forcée à discourir
Toûjours de la mesme Personne.
Sur chaque nouveauté, comme en tout elle plaist,
I'aime à dire ce que je pense;
Et si je ne prens intérest

Qu'à celebrer le Nom du Grand Roy de la France,
Tous les Exploits que les autres feront,
A ce compte demeureront
Ensevelis dans le silence.
Ie veux bien toutefois ne parler que de luy;
Mais ce qui cause mon ennuy,
C'est de voir que quand je publie
Toutes ses grandes Actions,
On les prend pour des fictions,
Et l'on m'accuse de folie.
Qui pourroit croire aussi ce qu'on a veu deux fois,
Qu'à son triomphe une Province entiere
Dés la plus foible attaque ait servy de matiere,
Et se soit soûmise à ses Loix ?
Ie croy le voir encor, toûjours infatigable,
Courant, volant par tout, sans jamais s'arrester,
Estre Chef & Soldat, résoudre, exécuter,
Et seul à soy-mesme semblable,
Cherche dans le péril tout ce qui peut flater
L'ardeur de gloire insatiable
Qui porte les Héros à s'y précipiter.
Apres avoir forcé de superbes Murailles,
Voyez-le dans le mesme temps,
Par l'effroy de son Nom, gagner plus de Batailles
Qu'on n'en donnoit autrefois en vingt ans.
Apres cela que puis-je faire ?

Toutes ces grandes veritez,
Ne femblent-elles pas des contes inventez,
Et lors que je les dis, m'eftime-t-on fincere?

L'AMOUR.

Vous en donnez fi fouvent à garder,
Qu'il eft bon qu'une fois vous en foyez punie;
    Mais par LOUIS quand ma gloire eft ternie,
Moy, l'Amour, n'ay-je pas tout fujet de gronder?
    Depuis le pouvoir qu'il me vole,
    Dont il ufe comme du fien,
    Je fuis une vraye Idole
    Qui ne femble bon à rien.

LA FORTUNE.

D'où ce chagrin vous peut-il naiftre,
    Quand nous voyons que ce Grand Roy,
En gagnãt tous les cœurs, chaque jour fait connoiftre...

L'AMOUR.

Mais c'eft par luy qu'il s'en rend maiftre,
Et ce n'eft pas mon compte à moy,
Car enfin je voudrois qu'il me duft quelque chofe;
    Mais j'ay beau parmy tous mes traits,
Pour faire que des cœurs par mon ordre il difpofe,
    En aller choifir tout exprés:

D'eux-mesmes à l'envy, sans qu'on les sollicite,
Ces Cœurs tout-à-coup enflâmez,
Se rendent tous à son mérite,
Et sans que je m'en mesle, ils s'en trouvent charmez.

MARS.

Et c'est à quoy l'Amour prend garde?
Pourveu que tout vous soit soûmis,
Que vos Droits soient bien affermis,
Qu'importe . . .

L'AMOUR.

Passe encor pour ce qui le regarde,
Mais ce qui fait tout mon ressentiment,
Et m'est une peine cruelle,
C'est que lors qu'avec une Belle
I'ay fait l'union d'un Amant,
Et qu'elle en croit les nœuds serrez si fortement,
Que rien ne sçauroit plus l'arracher d'aupres d'elle,
Si LOUIS dans sa noble ardeur
Court où l'appelle son grand Cœur,
L'Amant, quoy que plein de tendresse,
Se reproche un honteux repos,
Et quitte aussi-tost la Maistresse,
Pour suivre les pas du Héros.
Elle s'en plaint, elle en soûpire,

Et par sa disgrace fait voir
La foiblesse de mon empire.

LA RENOMMEE.

Que n'usez-vous alors de tout vostre pouvoir,
Pour rappeller ceux que la Guerre attire?

L'AMOUR.

Il ne tient pas à le vouloir;
Mais j'ay beau faire, j'ay beau dire,
Charmez de voir LOUIS, de marcher sur ses pas,
Quelque flateur que pour eux je puisse estre,
C'est un Enfant qui parle, ils ne m'écoutent pas,
Et les Combats
Aupres de leur Auguste Maistre,
Ont pour eux plus d'appas
Que les plus tendres feux qu'en leurs cœurs j'ay fait
Ainsy la Guerre est un malheur   (naistre.
Qui me rend inutile, & c'est dequoy j'enrage;
Je m'en trouve accablé de honte & de douleur,
Et tandis que LOUIS fait briller sa valeur,
Ie jouë un méchant personnage.
Mais que vois-je?

SCENE III.

LA GLOIRE, MARS, LA RENOMMEE, LA FORTUNE, L'AMOUR.

LA GLOIRE.

L A Gloire, à qui le Ciel toûjours
Donna les Héros à défendre.
De ce Temple où j'ay soin chaque jour de me rendre,
Je viens d'entendre vos discours.
En vain, Dieu des Guerriers, dont la fiere puissance
Vous fait redouter des Mortels,
Vous prétendez détruire les Autels
Que j'ay fait élever au Héros de la France;
Il mérite encor plus, & n'est point comme vous
Incessamment remply d'un aveugle couroux.
Lors qu'il entreprend quelque Guerre,
C'est pour mieux maintenir de légitimes Droits,
Ou pour confondre ceux, qui méprisant les Rois,
Se veulent ériger en Tyrans de la Terre.
Rendez-luy donc justice, & dans tous ses Combats
Vous-mesme accompagnez ses pas;
Ainsi de vos fureurs on ne pourra se plaindre,

Et

Et secondant LOUIS, qui par tout sçait charmer,
    En mesme temps que vous vous ferez craindre,
    En mesme temps vous vous ferez aimer.

A LA FORTUNE.

        La Fortune, je le confesse,
        A sujet de se chagriner.
Elle est d'un Sexe à voir avec quelque tristesse,
Que ses Adorateurs l'osent abandonner;
        Mais qu'elle se fasse justice,
Ses bienfaits sont souvent suivis de trahison,
Elle ne fait jamais de bien que par caprice,
Et le Dieu des François n'en fait que par raison.
        Il récompense le mérite,
        Sans mesme qu'on l'en sollicite,
Et pour se rétablir, la Fortune aujourd'huy
        Doit se ranger auprés de luy,
        On oublîra son inconstance,
        Et par un surprenant effet
        On luy croira de la prudence,
        Et c'est ce qu'on n'a jamais fait.

A LA RENOMMÉE.

        Pour vous répondre aussi, Déesse,
Le travail est pénible à remplir vostre employ;
Mais le charme qu'on trouve à parler d'un Grand Roy,

C

Ne demande-t-il pas qu'on en parle sans cesse?
    Depuis que par l'ordre des Cieux
    Vous publiez les merveilles
    Et des Hommes & des Dieux,
En avez-vous jamais raconté de pareilles,
Ny de qui le recit vous fût si glorieux?
Quant aux Demy-Héros qui prennent pour ofence,
Que de leurs noms obscurs vous fassiez peu d'état,
A quoy bon vous charger d'actions sans éclat,
Dont jamais l'Avenir ne prendra connoissance?
Malgré le vain orgüeil dont ils sont éblouïs,
    Laissez-les dans la poussiere,
    Et donnez-vous toute entiere
    A publier des Exploits inoüis;
Dites plus que jamais cent Héros n'ont pû faire,
    Vous n'aurez qu'à nommer LOUIS,
Et dans tout l'Univers on vous croira sincére.
  A L'AMOUR.
    Vous soufrez, je le connois bien,
    I'entre dans vostre inquiétude;
Demeurer sans pouvoir, est un destin bien rude,
Et l'Amour est à plaindre alors qu'il ne fait rien;
Mais venez voir LOUIS, & tâchez de luy plaire,
    Attachez-vous à le considérer,
    A voir sa gloire, à l'admirer,
    Et vous aurez assez à faire.

L'AMOUR.

Ie veux suivre vostre conseil.

LA FORTUNE.

Chacun doit déférer aux avis de la Gloire.

LA RENOMMEE.

Ainsy que vous je la veux croire.

MARS.

Voyons auparavant ce Temple sans pareil.

LA GLOIRE.

Vous pouvez l'admirer ensemble,
Il mérite bien vos regards ;
Mais il faut qu'en ce lieu j'assemble
Les Plaisirs & les plus beaux Arts,
Par mon ordre ils s'en vont paroistre,
Et par leurs Chansons & leurs Jeux
Marquer au plus Grãd Roy que le Ciel ait fait naistre,
Ce qu'ils doivent au soin qu'il daigne prendre d'eux.

Dans le temps que Mars & les autres Divinitez
qui ont paru dans le Prologue, s'avancent dans le
Temple pour en mieux examiner les beautez, la

Musique sort d'un des costez du Théatre, avec un Livre de Tablature à la main ; Elle est suivie des Arts, tant Libéraux que Mécaniques, qui sont l'Agriculture, avec un Habit couvert d'Epys d'or, & tenant une Besche; la Navigation, vestuë d'un Tafetas de la Chine, à la maniere des Matelots; l'Orfévrie, chargée de Chaînes d'or & de Pierreries; la Peinture, tenant une Palete & un Pinceau ; la Guerre, une Epée; la Géometrie, un Compas; l'Astrologie, un Globe; & la Sculpture, un Ciseau. La Comédie paroist de l'autre costé, tenant un Masque, & accompagnée des Plaisirs. La Chasse, qu'on met ensemble au nombre des Plaisirs & des Arts, se fait voir la premiere vestuë de verd & tenant un Dard. La Mascarade la suit bizarement habillée, avec un Cornet à la main. On voit en suite la Pesche qui tient une Ligne; la Paume, une Raquette; le Ieu, des Cartes; la Bonne-chere, un Flacon d'or; & la Danse, une Poche. Apres avoir par quelques figures, & par leurs diférentes actions, donné des marques de ce qu'ils representent, la Comédie & la Musique chantent ensemble le Dialogue suivant.

DIALOGVE DE LA MVSIQVE ET DE LA COMEDIE.

LA COMEDIE.

POur divertir LOUIS, unissons-nous ensemble,
Il est le plus grand des Mortels;
Et quand pour luy la Gloire éleve des Autels,
Il faut que la Musique assemble
Ce que ses tons les plus charmans
Peuvent à mon Théatre adjoûter d'ornemens.

LA MUSIQUE.

Pour ce grand Roy qui sur la Scene
Voit si souvent tes charmes éclater,
J'aimerois assez à chanter;
Mais j'ay si peu de voix, qu'on ne m'entend qu'à peine.

CEUX DES COMEDIENS qui representent une partie des ARTS & des PLAISIRS.

Si tu nous veux soufrir, nous pourons t'en prester.

LA COMEDIE & LA MUSIQUE ensemble.

Unissons-nous pour celebrer la gloire
Dont brille l'Auguste LOUIS.

LA MUSIQUE seule.

De son éclat partout les Peuples éblouïs
Consacrent son grand Nom au Temple de Mémoire.

LA COMEDIE & LA MUSIQUE ensemble.

Vnissons-nous pour celébrer sa gloire.

Tous ensemble.

Vantons ce grand Nom comme eux,
Iamais Exploits si fameux
Ne firent parler l'Histoire.

LA COMEDIE & LA MUSIQVE, avec UN DES ARTS.

Ils sont tels, que nos Neveux
Refuseront de les croire.

Tous ensemble.

Chantons, unissons-nous pour celébrer sa gloire.

LA MUSIQUE seule.

Sur des Exploits moins glorieux
On a placé parmy les Dieux
Les Héros dont le Nom fut grand & redoutable.
LOUIS a droit plus qu'eux à l'Immortalité;

LOUIS qui tous les jours fait une Verité
Des vains prodiges de la Fable.

LA COMEDIE ET LA MUSIQUE.

Ses Ennemis, de ses Armes frapez,
Sont à vanter son Nom eux-mesmes occupez,
Luy voyant entasser Victoire sur Victoire.

Tous ensemble.

Vantons ce grand Nom comme eux,
Iamais Exploits si fameux
Ne firent parler l'Histoire.

LA COMEDIE ET LA MUSIQUE,
avec UN DES ARTS.

Ils sont tels, que nos Neveux
Refuseront de les croire.

Tous ensemble.

Chantons, unissons-nous pour celébrer sa gloire.

ACTE I.

L E Théatre du Prologue fait place à une Décoration moins réguliere, mais qui dans son irrégularité ne laisse pas d'avoir des beautez qui plaisent également à la veuë. Elle represente une Plaine, où diverses Ruines marquent les restes de quelques Palais démolis, & le tout dans une si agreable varieté, qu'elle n'a aucune partie qui ne fasse paroistre quelque chose de diférent. Au bout de cette Plaine, on découvre une Montagne d'une grandeur prodigieuse. Elle est fertile dans le bas en Plantes & Fleurs bâtardes ; & à mesure qu'elle s'éleve, elle devient aride, formant des Rochers peu remplis de verdure, & entrecoupez de chemins. Le sommet laisse voir un Palais ruiné & desert, avec un grand Horison tout autour, en sorte que la Montagne est isolée, & paroist naturelle aux yeux.

C'est dans cette Plaine que Glaucus s'entretenant avec Palémon de la passion qu'il a pour Sylla, luy en

en découvre la délicateffe, qui l'engage à vouloir
eftre aimé par luy-mefme, & ne devoir le cœur de
fa Maiftreffe qu'à la force de fon amour. Palémon
luy confeille en vain de fe faire connoiftre pour un
Dieu, afin que le rang qu'il tient parmy ceux de la
Mer, luy ferve à vaincre les froideurs de Sylla. Il
s'obftine à conferver le nom de Prince de Thrace,
fous lequel il a efté d'abord connu d'elle, & apprend avec furprife des Nymphes qui font dans fa
confidence, la réfolution qu'elle a prife d'aller trouver Circé dans fon Palais, pour fçavoir la caufe de
la retraite de Mélicerte, qui avoit difparu depuis
quelques jours. Ce Prince fortement aimé de Sylla,
la rendoit infenfible pour Glaucus, qui tâche inutilement de luy faire un crime de la précipitation de
fon départ dont elle ignore les raifons : Il n'en
obtient que de nouveaux mépris, & la fuivant apres
qu'elle s'eft laffée de l'entendre, il fait place aux
Nymphes de Circé, qui en attendant leur Maiftreffe
qui cüeille quelques herbes fur la Montagne pour
des Enchantemens qu'elle prépare, témoignent la
crainte qu'elles ont qu'ils ne foient employez
contre Mélicerte que Circé avoit enlevé, & pour
qui elle avoit pris de l'amour, par la force de ce
panchant qui luy faifoit mettre fa gloire dans le
nombre de fes Conqueftes. Ces Nymphes font

D

surprises par trois Satyres qu'elles écoutent pour se divertir, se tenant assurées du secours de Circé, s'ils osent venir à la violence. Ils acceptent le party qu'elles leur proposent, que celuy des trois qui chantera le mieux, choisira celle qui luy plaira davantage.

CHANSON
DU PREMIER SATYRE.

Deux beaux yeux me charment,
Leurs traits me desarment;
Mais s'ils ne sont doux,
Nargue de leurs coups.
J'aime une Maistresse
Qui me tend les bras;
Fy de la rudesse;
Avec mille appas
La Beauté Tygresse
Ne me plairoit pas.

CHANSON
DU SECOND SATYRE.

Un jour la jeune Lysette
Couchée à l'ombre d'un Bois,
Disoit d'une triste voix,

Helas! helas! faut-il refver feulete,
Et ne pourroit-on quelquefois
Se trouver deux à rire fur l'herbete?
Vn Berger furvint,
Qui luy tint
Bonne & douce compagnie.
Sur la rencontre au Bois, dés qu'on en eut le vent,
On fit jazer la Calomnie,
Qui mit cent contes en avant:
Mais Lyfette laiffa médire,
Le Berger l'avoit fait rire,
Elle y retourna fouvent.

Dans l'inftant que le troifiéme Satyre s'apprefte
à chanter, deux autres Satyres furviennent, qui vou-
lant partager le bonheur de la rencontre, forment
une conteftation qui fe termine par l'arrivée de
Circé defcenduë de la Montagne. Ils quittent les
Nymphes fi-toft qu'ils l'aperçoivent; & pour les punir de leur infolence, elle commande à cinq Efprits
de les emporter. Ce Vol de dix Perfonnes qui s'enlevent des quatre coins & du milieu du Theatre, fait
un effet auffi furprenant qu'agreable, & donne lieu
à Glaucus qui a veu de loin la promptitude de cette
vangeance, d'en venir congratuler Circé, qu'il re-
connoift par cette grande marque pour eftre la Fille

D ij

du Soleil. Les Plaintes qu'il luy fait de l'injuſtice de Sylla, luy découvrent qu'il eſt ce meſme Prince de Thrace dont Mélicerte l'avoit entretenuë comme d'un Rival à qui il a cedé toutes ſes pretentions. Elle ſe ſent touchée d'amour pour luy; & luy promettant de le rendre heureux par ſes Charmes, ſans luy expliquer ſi c'eſt en l'aimant, ou en le faiſant aimer de Sylla, elle l'oblige à prendre place dans ſon Char qui deſcend de l'Air, trainé par des Dragons, & qui les emporte l'un & l'autre dans ſon Palais.

ACTE II.

'Art & la Nature ont également part
à ce qui fait la Décoration de cet Acte.
Cette grande Montagne qui a paru
dans le premier, s'abifme d'une maniere
auffi furprenante qu'elle s'eftoit élevée, & laiffe
paroiftre en fa place, un Iardin remply de Berceaux,
de Fontaines, de Plantes, de Fleurs, & de Vafes,
fur lefquels font des Enfans montez fur des Cygnes
qui jettent de l'eau. On y voit encor d'autres Vafes
de porcelaine, de terre cizelée, & de marbre blanc.
Les ornemens en font d'or, & ces Vafes font remplis d'Orangers, d'Arbres fruitiers, & de Fleurs
naturelles.

Apres quelques Scenes d'enjoüement entre Palémon & les Nymphes de Circé, Circé paroift elle-
mefme dans ce Iardin, & découvre à Dorine fa
Confidente, le déplaifir où elle eft d'avoir effayé
quelques Charmes pour fe faire aimer de Glaucus,
qu'elle ne connoift que comme Prince de Thrace,

fans qu'ils ayent produit fur luy le mefme effet qu'ils ont produit fur Mélicerte, à qui elle n'a eu befoin que de fe faire voir pour luy faire oublier Sylla. Mélicerte, que fon abfence du Palais avoit alarmé, luy vient témoigner la joye qu'il a de fon retour, & en eft reçeu avec une froideur qui luy fait connoiftre le changement qui eft arrivé dans la paffion qu'elle avoit pour luy. Il eft obligé de la quitter fans qu'elle s'en foit expliquée; & apres avoir affuré Dorine qu'elle ne fonge plus à s'acquerir le cœur de Glaucus, qu'afin de fe vanger du mépris qu'il femble faire de fon amour, elle voit arriver ce Dieu qui luy eft toûjours inconnu; & pour luy donner un effay de fon pouvoir fur tous les divertiffemens qui le pourroient empefcher de s'ennuyer dans fon Palais, elle fait naiftre tout-à-coup un Berceau, foûtenu par des Statuës de bronze qui le forment, & en font comme les fupofts. Il eft embelly d'un Baffin, avec un Iet d'eau, & environné de plufieurs Grenoüilles, fur lefquelles il y a de petits Enfans affis.

Glaucus averty que Sylla fe doit rendre aupres de Circé, par l'impatience qu'elle a de fçavoir ce qu'eft devenu Mélicerte, répond à cette fçavante Magicienne, qu'un feul bien eft capable de fatisfaire tous fes defirs; & l'affurant que tout ce qu'il efpere dépend d'elle, & qu'il peut vivre parfaite-

ment heureux dans son Palais, il luy donne lieu de
ne point douter que son Charme n'ait reüssy, &
que ce ne soit elle qui soit devenuë l'objet de sa
passion: mais quand en la priant de retenir Sylla,
qu'il a sçeu qui devoit arriver, il luy fait connoistre
qu'il n'a point changé de sentimens, Circé se trouble, & pour cacher son desordre, se servant du pré-
texte de quelques Voix qu'elle est bien aise d'entendre, elle laisse chanter le Dialogue suivant.

DIALOGVE DE TYRCIS ET DE SYLVIE.

TYRCIS.

Pourquoy me fuyez-vous, ô Beauté trop severe,
Quand d'un si tendre amour j'ay le cœur enflâmé?

SYLVIE.

Je fuis ce que je sens qui commence à me plaire;
Si je vous écoutois, vous pourriez estre aimé.

TYRCIS.

Quoy, toûjours, aimable Inhumaine,
Refuser de m'entendre? Eh de grace, deux mots.

SYLVIE.

L'Amour cause de la peine.
Et je veux vivre en repos.

TYRCIS.

Est-il des Plaisirs sans tendresse?

SYLVIE.

Est-il de l'Amour sans chagrin ?

TYRCIS.

Par l'Amour tout chagrin cesse.

SYLVIE.

Tous les Plaisirs par l'Amour prennent fin.

TYRCIS.

C'est une erreur; dans le bel âge,
Il faut aimer pour vivre heureux.

SYLVIE.

Ne me dites rien davantage.

TYRCIS.

Soulagez les ennuis de mon cœur amoureux.

SYLVIE.

Que vous sert que le mien soûpire ?

TYRCIS.

TYRCIS.

Ah Sylvie !

SYLVIE.

Ah Tyrcis !

Tous deux ensemble.

Vniſſons nos ſoûpirs.

TYRCIS.

Aimons-nous.

SYLVIE.

Douce peine !

TYRCIS.

Agreable martyre !

SYLVIE.

Il fait tout mon bonheur.

TYRCIS.

Il fait tous mes deſirs.

Tous deux ensemble.

Pour goûter les plus doux Plaiſirs.
Ne nous laſſons jamais de nous le dire ;
Aimons-nous ; douce peine ! agreable martyre !

E.

SYLVIE.

La liberté m'eſtoit un bien ſi doux !

TYRCIS.

Vaut-il ceux que l'Amour ofre dans ſon Empire ?

SYLVIE.

Je la pers, ç'en eſt fait.

TYRCIS.

Vous en repentez-vous ?

SYLVIE.

Ce n'eſt pas dequoy je ſoûpire.

TYRCIS.

Ah Sylvie !

SYLVIE.

Ah Tyrcis !

Tous deux enſemble.

Uniſſons nos ſoûpirs.

TYRCIS.

Aimons-nous.

SYLVIE.

Douce peine !

TYRCIS.

Agreable martyre!

SYLVIE.

Il fait tout mon bonheur.

TYRCIS.

Il fait tous mes defirs.

Tous deux enfemble.

Pour goûter les plus doux Plaifirs,
Ne nous laſſons jamais de nous le dire;
Aimons-nous; douce peine ! agreable martyre!

Ce Dialogue qui exprime les douceurs qu'une
parfaite union fait goûter en aimant, donne occa-
fion à Glaucus de redoubler fes prieres pour ob-
tenir de Circé qu'elle daigne changer le cœur de
Sylla. Circé luy oppofe le peu d'avantage qu'il auroit à ne devoir qu'à fes Charmes la récompenfe de
fon amour ; & en l'aſſurant qu'il trouveroit des
Nymphes qui ne feroient pas infenfibles pour luy,
elle va fi loin, qu'il ne peut plus fe déguifer qu'elle
parle pour elle-mefme. Glaucus luy avouë qu'il eſt
de fa deſtinée de ne prendre de l'attachement que
pour Sylla feule ; & cette déclaration irrite tellement Circé, que faifant fucceder la menace à la dou-
ceur, elle cherche à l'intimider, & d'un coup de

Baguete fait paroiftre des Serpens, des Lyons, des
Tygres, & divers autres Animaux, comme autant
d'Amans qu'elle a métamorphofez pour de moindres outrages que celuy qu'il ofe luy faire, en dédaignant de répondre à fa paffion. Glaucus qui, comme
Dieu, n'a rien à craindre de fes emportemens, écoute
fes menaces avec froideur. Circé en redouble fa
colere, & donnant ordre à ces Animaux de fondre
fur luy, dans le mefme inftant qu'ils s'approchent,
Glaucus leur défend de fe montrer davantage La
Terre s'ouvre, ils y font engloutis; & cet effet du
pouvoir de Glaucus ne laiffant plus de bornes à la
fureur de Circé, elle commande aux Statuës qui
foûtiennent le Berceau du Iardin, de s'animer pour
prendre fa querelle. On eft furpris de la promptitude de leur mouvement, qui ne fert qu'à relever la
gloire de Glaucus. Il ne leur a pas plutoft ordonné
de fe perdre en l'air, que toutes ces Statuës s'envo-
lent dans tous les coftez du Theatre. Les Grenoüilles fautent hors du Baffin où on les a veuës,
& s'enfonçant dans la terre, laiffent Circé dans une
telle confufion d'avoir trouvé un pouvoir plus fort
que le fien, que pour fe vanger de Glaucus, elle fe
réfout de ne plus rien épargner, & fort dans le def-
fein de fe porter contre luy aux dernieres extré-
mitez.

ACTE III.

E magnifique Iardin qui a servy de Décoration à l'Acte precedent, fait place
à un superbe Palais, dont l'Architecture
est d'Ordre Corintien, avec les Frises &
Corniches. Les Pilastres font de lapis veiné d'or.
Vne Balustrade regne au deffus en forme d'Atique.
La maffe du Palais eft toute de marbre blanc, avec
les chapiteaux des Pilaftres & les bafes d'or. On
voit fur des Pieds-d'eftaux qui fortent en faillie, des
Vafes d'or, de lapis, & de marbre; & au bout de ce
Palais, on découvre un Iardin avec fes ornemens
d'Arbres, de Fleurs, de Iets d'eau, & de Fontaines.

Mélicerte déplore fon infortune fur le changement de Circé en prefence d'Aftérie, la plus jeune
de fes Nymphes, qui fuivant fon caractere enjoüé,
luy propofe l'oubly pour remede. Il la prie de s'in-
tereffer pour luy; ce qu'elle fait, en luy promettant
d'agir aupres de Palémon Confident du faux Prince
de Thrace, pour découvrir les fentimens de fon
Maiftre, & l'engager avec adreffe à le confirmer

dans la paſſion qui luy fait préferer Sylla à la gloire
d'eſtre aimé de Circé. Palémon porte ſi loin le
mépris qu'il fait de ſes menaces, qu'Aſtérie ne
peut s'empeſcher de luy dire qu'il doit prendre
garde qu'on ne l'outrage pas impunément. Elle
luy en donne pour exemple un de ſes Amans, qui
paroiſt ſous la figure d'un Singe, & qu'elle luy dit
n'avoir eſté ainſi metamorphoſé que parce qu'il
l'avoit aimée au préjudice de Circé, qui s'en eſtant
apperçeuë, luy avoit impoſé cette peine, auſſi-bien
qu'à quelques Pages qu'il avoit amenez avec luy,
pour le punir d'une paſſion dont elle s'eſtoit offen-
cée. Aſtérie adjoûte que ces Singes prenoient ſoin
tous les jours de la venir divertir par divers ſauts
où ils s'eſtoient étudiez pour luy plaire, & elle en
donne le plaiſir à Palémon, qui ſe retire voyant arriver Circé. Cette Amante indignée de la maniere
dont elle a eſté bravée par Glaucus, ſe réſout de le
perdre par la force du Poiſon, puis que ſes Charmes
ne peuvent rien pour changer ſon cœur; & afin de
n'eſtre plus expoſée aux importunes plaintes de Mélicerte, elle donne à Aſtérie un Anneau enchanté
à luy porter, par le moyen duquel il doit oublier
qu'il s'eſt veu aimé d'elle, & reprendre ſon premier
amour pour Sylla. On reçoit en meſme temps la
nouvelle que cette malheureuſe Rivale demande à

voir Circé. Elle en eſt favorablement écoutée; &
non ſeulement elle l'aſſure de la fidelité de Mélicerte, mais elle s'ofre à le luy faire voir. Dans l'inſ-
tant qu'elles ſe preparent à ſortir pour l'aller chercher, Glaucus arreſte Sylla, qui toute ſurpriſe de le
voir dans un lieu où elle ne l'attendoit point, ne
ſçait que répondre aux tendres proteſtations qu'il
luy renouvelle de ſon amour. C'eſt là que Circé,
qui ſe voit entierement bravée, s'abandonne à tout
ce que la fureur luy peut inſpirer; & apres quelques
inutiles ſouhaitsqu'elle fait pour la perte de l'Amant
de ſa Rivale, elle voit deſcendre pluſieurs Nuages,
qui s'eſtant ramaſſez pour l'enfermer avec Sylla,
leur donne lieu à l'une & à l'autre de ſe dérober aux
yeux de Glaucus. Le Nuage s'ouvre apres qu'elles
ſe ſont échapées, & ſe diſſipant des deux coſtez du
Theatre, laiſſe Glaucus dans une extrème ſurpriſe
de ce qui vient d'arriver. Il ne doute point que ce
ne ſoit un ſecours que le Soleil a bien voulu preſter à
Circé; & pour en eſtre entierement éclaircy, il ſe
réſout de recourir à Vénus qu'il voit deſcendre dans
ſon Palais, dont l'Architecture eſt compoſée &
ornée de quantité d'Amours qui ſoûtiennent la
Corniche. Ils ſont de marbre blanc juſqu'au milieu du corps, dont le bas ſe forme en Fleurons d'or,
& ſe termine en Conſoles enrichies d'ornemens

auſſi d'or. Ils portent ſur leurs teſtes des Paniers de Fleurs d'où pendent de grands Feſtons qu'ils retiennent avec leurs mains, en ſorte qu'ils retombent entre les feüillages de leursqueuës, & font une chute ſur la Conſole. Le Pied-d'eſtal ſe trouve directement deſſous, orné de Paneaux d'azur, veiné d'or. De grands Feſtons de Fleurs tombent du milieu des Friſes, dans leſquelles d'eſpace en eſpace ſont peints des Cœurs percez de Fléches, avec des Carquois & d'autres ornemens. L'Optique repreſente deux Amours de meſme ſimetrie que les autres, avec un Berceau ſoûtenu par quatre Amours en forme de Termes qui le ſuportent. Il eſt formé de feüillages & de Iaſmins, au milieu deſquels on voit une Table de marbre, remplie de Corbeilles de fleurs & de Vaſes.

Tandis que Vénus deſcend, & fait paroiſtre peu à peu ce magnifique Palais, Glaucus fait chanter les Vers ſuivans, pour tâcher à ſe la rendre plus favorable.

CHANSON.

Viens, ô Mere d'Amour, viens recevoir nos vœux;
  C'eſt toy qui nous fais vivre heureux,
Par les biens qu'à chérir le bel âge convie.
Tu diſpoſes nos cœurs à ſe laiſſer charmer;
    Et ſans le doux plaiſir d'aimer,
    Eſt-il de beaux jours dans la vie?

Glaucus

Glaucus n'a pas plutoft conjuré Vénus de luy
découvrir où Circé peut avoir enlevé Sylla, que
pour le tirer de l'inquietude qui le tourmente, elle
commande à douze Amours de se separer, & d'é-
pier si bien tout ce que fera Circé, qu'ils puissent
venir rendre compte à Glaucus du lieu où elle aura
caché Sylla. Ces Amours partent dans le mesme
instant; & la plûpart d'eux ayant volé presque jus-
que sur terre, se relevent tout d'un coup par un
mouvement extraordinaire, pour se perdre dans
les airs.

ACTE IV.

ET Acte qui se passe dans le lieu le plus
desert du Palais de Circé, a pour Décoration de grands Arbres toufus qui forment un Bois dont l'épaisseur semble
estre impénetrable à la clarté du Soleil. C'est là
que Palémon fait une Scene d'enjouëment avec
Astérie, qui vient y chercher Mélicerte, qu'elle n'a
pû trouver ailleurs, pour luy donner l'Anneau qu'-
elle a reçeu de Circé. Cet Amant qui estoit venu
déplorer son infortune dans ce Bois, touche à peine
cet Anneau enchanté, qu'il retombe dans sa premiere passion pour Sylla, sans se souvenir qu'il ait
jamais offert des vœux à Circé ; & dans l'empresse-
ment qu'il a de la voir, sur ce qu'il a sçeu qu'elle devoit arriver au Palais, il quitte Astérie qui raille
Florise, autre Nymphe de Circé, sur son humeur
prude, qui luy fait condamner l'entretien qu'elle
vient d'avoir avec Mélicerte dans un lieu aussi
inhabité que le Bois où elle l'a surprise avec luy.

Toutes les deux reçoivent ordre de Circé d'amener cet Amant à Sylla, qui confent à la propofition que luy fait Circé de demeurer quelque temps dans ce lieu defert, pour fe cacher à Glaucus, avec affurance qu'elle y fera la maiftreffe des divertiffemens qu'elle voudra choifir. On entend dans le mefme temps la voix d'une Dryade, que Circé convie auffi-bien qu'un Faune qui l'accompagne, de donner à Sylla un effay du plaifir qu'elle fe peut promettre de leurs Concerts.

CHANSON DE LA DRYADE.

Vous étonnez-vous
D'un peu de martyre ?
C'eft quand on foûpire,
Que l'amour eft doux.
La plus belle chaîne
Ne fçauroit charmer,
Si l'on n'a de la peine
A fe faire aimer.

J'aime les plaifirs
Qu'on me fait attendre ;
Un Objet trop tendre
Eteint les defirs.

La plusgrande gloire
Qu'on trouve en aimant,
C'est lors que la Victoire
Coûte un long tourment.

Cette Chanson est suivie de ces Paroles, qui sont
chantées par un Faune, & par la mesme Dryade.

LE FAUNE.

Il n'est rien de si doux que de changer sans cesse ;
L'Amour pour les cœurs inconstans
Ne peut avoir que d'heureux temps ;
Toûjours plaisirs nouveaux, & jamais de tristesse,
Il n'est rien de si doux que de changer sans cesse.

LA DRYADE.

L'inconstance détruit les douceurs de l'Amour ;
Pour estimer un bien, il faut qu'il soit durable.

LE FAUNE.

L'Amour qui dure trop, est un mal véritable ;
Pour aimer sans chagrin, il faut n'aimer qu'un jour.

LA DRYADE.

Ridicule folie !

LE FAUNE.

Incommode sagesse !
Il n'est rien de si doux que de changer sans cesse.

LA DRYADE.

Ridicule folie !

LE FAUNE.

Incommode sageße !

LA DRYADE.

Il n'eſt rien de ſi doux qu'une longue tendreße.

LE FAUNE.

A cent Objets divers on doit faire ſa cour.

LA DRYADE.

Ridicule folie !

LE FAUNE.

Incommode sageße !

Tous les deux enſemble.

Le Faune.
Il n'eſt rien de ſi doux que de changer ſans ceße.
La Dryade.
Il n'eſt rien de ſi doux qu'une longue tendreße.

Le Faune & la Dryade ont à peine ceſſé de chanter, que Circé ſe trouve expoſée à de nouvelles alarmes du pouvoir de Glaucus, qu'elle ne connoiſt pas encor pour un Dieu. Elle apprend de Dorine qu'il a eſté averty par les Amours du lieu

où elle tient Sylla cachée, & que l'un d'eux s'eft
chargé du foin de l'y conduire. Sylla fe trouble à
cette nouvelle; & Circé qui en prend un nouveau
fujet d'indignation, luy propofe de foufrir qu'elle la
faffe porter par les airs jufques dans Thebes, où Mélicerte qui en eft Prince, la pourra aifément garantir
des importunes pourfuites d'un Amant qui ne luy
plaift pas. Sylla y confent, & elle n'eft pas fi-toft au
milieu de l'air, foûtenuë de quatre Efprits qui l'em-
portent par l'ordre de Circé, que quatre des Amours
que Vénus a difperfez autour du Palais, viennent à
fa rencontre, & après un combat en l'air où les
Efprits font forcez de ceder, ils font changer de
route à Sylla, & l'enlevent aux yeux de Circé. C'eft
dans ce combat, où l'on ne fçauroit affez admirer
l'incomparable Génie de celuy qui a daigné donner
fes foins à trouver les moyens de l'executer : on l'a-
voit propofé d'abord comme impoffible, & il a fait
voir que rien ne le fçauroit eftre à fes moindres
applications. Circé furprife de ce qu'elle voit, entre
dans une nouvelle fureur, qui luy fait évoquer des
Enfers la Terreur, la Rage, le Defefpoir, & tout ce
qu'ils renferment de plus ennemy des Hommes.
Il fe fait icy une Scene toute extraordinaire : Ces
noires Divinitez paroiffent, & par leurs diférentes
actions elles font voir qu'elles entrent dans tous les

sentimens de Circé; mais quand elle leur commande d'aller répandre leurs plus mortels poisons dans le cœur du Prince de Thrace, elles demeurent immobiles, & luy font connoistre que le Ciel ne leur permet pas de l'en vanger. Circé, que cette impuissance irrite, ne sçauroit plus soufrir leur presence; & dans le mesme temps qu'elle les chasse, elle voit le Soleil qui se montre dans son Palais. Il est d'or composé, avec des Colomnes torses d'or poly; elles sont revestuës de branches de Laurier qui les environnent, de couleur naturelle. Les chapiteaux sont d'or fin cizelé, & les bases des Colomnes de mesme maniere, aussi-bien que la frise & la corniche. Le corps du massif de ce Palais est de Pierres prétieuses, & tous les Pieds-d'estaux de marbre blanc, au milieu desquels on voit de gros Rubis; Les Paneaux sont enrichis de veines d'or sur un fond de lapis. Au dessus de la Corniche on voit, dans une espece de petit Attique d'où naissent les Cintres, des Lyres d'or, avec plusieurs ornemens; & dans le milieu des Voûtes sont peints de grands Soleils d'or poly, avec quantité d'autres ornemens. L'Optique de ce Palais est toute transparante, & jette un éclat qui ébloüit.

Circé écoute le Soleil, & apprend de luy que c'est en vain qu'elle luy reproche de n'estre point fenſible aux outrages qu'elle reçoit, puis que celuy dont elle voudroit eſtre vangée eſt Glaucus, qui s'eſt caché ſous le viſage & le nom du Prince de Thrace. Cette nouvelle fait prendre d'autres meſures à Circé, qui déguiſe ſon reſſentiment, & ſe contente de ſe plaindre à Glaucus qui ſurvient, amené par un des Amours qui s'envole en ſuite, de ce qu'il ne l'a pas aſſez eſtimée pour luy découvrir luy-meſme ce qu'il a falu que le Soleil luy ait appris. Les excuſes qu'il luy en fait ſont interrompuës par l'arrivée de Palémon, qui luy vient dire que les Amours ont ramené Sylla dans le Palais, & qu'ils retiennent Mélicerte qui fait tous ſes efforts pour s'approcher d'elle. Glaucus y court apres que Circé luy a promis d'employer tous ſes Charmes pour ſe faire aimer de cette Nymphe. Dorine s'étonne de ce changement, qui luy paroiſt trop prompt pour ne luy eſtre pas ſuſpe&. Circé s'explique, & luy découvre que ne pouvant faire ſoufrir Glaucus en luy-meſme, parce qu'il eſt Dieu, elle veut le faire ſoufrir en ce qu'il aime; & que la vangeance qu'elle prépare, ne le toucheroit pas aſſez, ſi elle ne le faiſoit aimer de Sylla avant que de la réduire dans l'état épouvantable où elle doit la faire paroiſtre.

ACTE

ACTE V.

A Décoration de cet Acte represente une longue Allée de Cyprés fort hauts, dont la perspective est tres-agreable à la veuë. Sylla s'y trouve avec Florise & Astérie; & par l'effet du Charme que Circé vient d'employer pour la rendre favorable à Glaucus, elle leur fait connoistre l'impatience qu'elle a de revoir ce nouvel Amant à qui elle a déja découvert le changement qui est arrivé pour luy dans son cœur. Mélicerte survient, qui tâche inutilement, par ses reproches, à l'obliger de se repentir de son infidelité : Elle s'en justifie sur le conseil que luy ont donné les Amours de renoncer à sa premiere passion; & ayant appris de Palémon que Glaucus entretient Circé dans celuy de ses Jardins dont les murs sont batus des flots de la Mer, elle sort avec précipitation pour l'aller rejoindre. Mélicerte la suit, & laisse Florise & Astérie raisonner avec Palémon sur la prétenduë Magie de son Maistre, dont

G

elles ne fçauroient affez admirer le pouvoir qui a
toûjours efté plus fort que tous les Charmes que
Circé a mis en ufage contre luy. Palémon s'élance
tout-à-coup dans les airs, & par ce vol inopiné fe
dérobant à leurs yeux, les confirme dans la penfée
où elles eftoient déja qu'il y avoit de la Divinité
dans cette avanture. Dorine leur en vient expliquer
le fecret, & apres leur avoir appris le déguifement
de Glaucus, elle leur raconte la vangeance que
Circé a prife de fes dédains par le changement ef-
froyable qui vient d'arriver dans la perfonne de
Sylla, apres qu'elle a métamorphofé Mélicerte en
Arbre, pour le punir des plaintes qu'il ofoit luy
faire de fes injuftices. La Fable nous reprefente
cette Sylla environnée de Chiens qui l'effrayoient
par des aboyemens épouvantables : Ce terme de
Chien, eft fi rude & fi mal-propre à noftre Poëfie,
que j'ay crû le pouvoir changer en celuy de *Monf-*
tres. Circé s'applaudit avec Dorine du triomphe
qu'elle a enfin remporté fur Glaucus, qui fait d'inutiles efforts pour adoucir la colere de Circé en
faveur de cette déplorable Nymphe dont le changement luy fait horreur. Circé demeure inéxora-
ble; & ravie d'avoir trouvé les moyens de faire
foufrir Glaucus, elle fent redoubler fa joye par le
plaifir qu'elle a de joüir de la peine de ce Dieu,

quand Palémon leur vient apprendre le defefpoir
de Sylla, qui l'a portée à fe précipiter dans la Mer
pour fe délivrer d'un fuplice qui luy eftoit infupor-
table. Circé ne peut cacher la douleur qu'elle a de
voir fi toft finir fa vangeance ; & faifant difparoiftre
fon Palais, elle difparoift elle-mefme aux yeux de
Glaucus. La Décoration du Theatre change en cet
endroit, & on en voit une nouvelle qui reprefente
la Mer & fon rivage. Il y a quelques Arbres peints
fur le devant, & des Rochers fur ce qui approche le
plus de la Mer. Glaucus touché fenfiblement de la
difgrace de Sylla, s'adreffe à Neptune pour le prier de
la luy rendre. Ce Dieu paroift fur les Flots accom-
pagné de Tritons, de Nereïdes, & d'autres Divinitez
de la Mer ; & apres avoir fait voir à Glaucus un
Rocher qui s'éleve pour marque eternelle de la
métamorphofe de Sylla, il l'affure qu'il eft preft
de la changer en Nereïde, pourveu que Iupiter luy
faffe connoiftre que le Deftin en eft d'accord.

Le Ciel s'ouvre à la priere de Glaucus, & Iupiter
paroift dans fon Palais, qui eft d'une Architecture
compofée. Elle forme de grands Pieds-d'eftaux,
fur lefquels font en faillie des Aigles tous rehauffez
d'or fin, qui fuportent une Corniche folide, dans
la frize de laquelle font peintes des Pommes de Pin
d'or fin cizelé : Au deffus de la Corniche fe forment

des Cintres furbaiffez, enrichis de quantité d'or-nemens, avec des Feftons d'or qui pendent au def-fous des Cintres, & s'attachent au milieu & aux angles. Toute la maffe du Palais eft peinte de deux manieres diférentes, auffi-bien que les Corniches & les Pieds-d'eftaux ; l'une eft de Porphyre, & l'autre de Lapis. Au milieu des Pieds-d'eftaux font de gros Feftons de feüilles de Chefne d'or fin cizelé, On voit dans le fonds du Palais un Trône tout d'or, & orné de Pierres prétieufes.

Iupiter accorde à Glaucus le changement de Sylla en Nereïde, mais à condition qu'il ne l'acca-blera plus des témoignages d'un amour qu'elle a toûjours rejetté : En mefme temps elle fort des flots pour aller prendre place aupres de la Nymphe Galatée par l'ordre de Neptune, qui invite les Faunes, les Sylvains, les Dryades, & les autres Divinitez Champeftres, auffi-bien que celles de la Mer, à former quelque grand Spéctacle digne de la folemnité de ce jour. Ce qu'ils font en fe meflant enfemble par diférentes figures qui font accompagnées des Chanfons fuivantes, dont la pre-miere fait voir, par l'exemple de Glaucus, que la froideur des eaux eft un vain obftacle contre les feux de l'Amour.

CHANSON D'VN SYLVAIN.

Tout aime
Sur la Terre & dans les Cieux,
L'Amour par un pouvoir suprême
Asservit Hommes & Dieux,
Tout aime.
Iusque dans les eaux il échauffe les cœurs,
Et malgré leur froideur extréme
Il y fait ressentir ses plus vives ardeurs ;
Rien n'échape à ses douces langueurs,
Tout aime.

CHOEUR DE DIVINITEZ.

Les Plaisirs sont de tous les âges,
Les Plaisirs sont de toutes les saisons;
Pour les rendre permis, on sçait que les plus sages
Ont souvent trouvé des raisons.
Rions, chantons,
Folâtrons, sautons ;
Les Plaisirs sont de tous les âges,
Les Plaisirs sont de toutes les saisons.

Ce Chœur estant finy, les Faunes & les Sylvains
témoignent leur joye par des sauts surprenans; &

les Divinitez de la Mer, accompagnées de plusieurs Fleuves, donnent pareillement des marques de leur allégresse par plusieurs figures extraordinaires; ce qu'ils font à diférentes reprises, & mesme apres les deux premiers Couplets de la Chanson suivante.

CHANSON D'VN SYLVAIN
ET D'UNE DRYADE ensemble.

IL n'est point de Plaisir véritable,
Si l'Amour ne l'assaisonne pas.
On a beau dans le bien le plus stable
Rechercher de sensibles appas,
Il n'est point de Plaisir véritable,
Si l'Amour ne l'assaisonne pas.

Ses langueurs n'ont rien que d'agreable,
On se perd dans ses tendres helas;
Il n'est point de Plaisir agreable,
Si l'Amour ne l'assaisonne pas.

A l'Amour il faut rendre les armes,
Tost ou tard il triomphe de nous.
Plus on veut resister à ses charmes,
Plus on doit redouter son couroux;
A l'Amour il faut rendre les armes,
Tost ou tard il triomphe de nous.

De ses maux ne prenons point d'alarmes;
S'ils sont grands, le remede en est doux.
A l'Amour il faut rendre les armes,
Tost ou tard il triomphe de nous.

Les Faunes & les Sylvains recommençent leurs
sauts, qui sont accompagnez de postures surpre-
nantes; & pendant qu'un Chœur de Divinitez
chante les Vers suivans, les Fleuves & les Divinitez
de la Mer font plusieurs figures diférentes, en se
meslant avec le Chœur.

CHOEUR DE DIVINITEZ.

Les Plaisirs sont de tous les âges,
Les Plaisirs sont de toutes les saisons;
Pour les rendre permis, on sçait que les plus sages
Ont souvent trouvé des raisons.
Rions, chantons,
Folâtrons, sautons;
Les Plaisirs sont de tous les âges,
Les Plaisirs sont de toutes les saisons.

FIN.

Extrait du Privilege du Roy.

PAr Grace & Privilege du Roy, Donné à S. Germain en Laye le 28. jour de Fevrier 1675. Signé, Par le Roy en son Conseil, DESVIEUX. Il est permis à T. de Corneille, Escuyer, Sieur de l'Isle, de faire imprimer, vendre & debiter une Piece de Theatre de sa composition, intitulée *CIRCE'*, *avec le Dessein*, & ce pendant le temps & espace de vingt années entieres & accomplies, à compter du jour que lesdits Ouvrages seront achevez d'imprimer pour la premiere fois : Pendant lequel temps defences sont faites à tous Imprimeurs & Libraires, autres que ceux choisis par ledit Exposant, & à toutes autres Personnes de quelque qualité & condition qu'elles soient, d'imprimer, faire imprimer, vendre, ny debiter lesdits Ouvrages, sans le consentement de l'Exposant, ou de ceux qui auront droit de luy, à peine de mil livres d'amende, confiscation des Exemplaires contrefaits, & de tous despens, dommages & interests, ainsi que plus au long il est porté aud. Privilege.

Registré sur le Livre de la Communauté, suivant l'Arrest de la Cour de Parlement. Signé, THIERRY, Syndic.

Achevé d'imprimer pour la premiere fois, le 14. Mars 1675.